AF188028

Impressum
Verlag: BABADADA GmbH, Nedderfeld 112 , 22529 Hamburg
Geschäftsführer / Verlagsleitung: Harald Hof
Druck: Books on Demand GmbH, In de Tarpen 42, 22848 Norderstedt

Imprint
Publisher: BABADADA GmbH, Nedderfeld 112 , 22529 Hamburg, Germany
Managing Director / Publishing direction: Harald Hof
Print: Books on Demand GmbH, In de Tarpen 42, 22848 Norderstedt

Schule
koulu

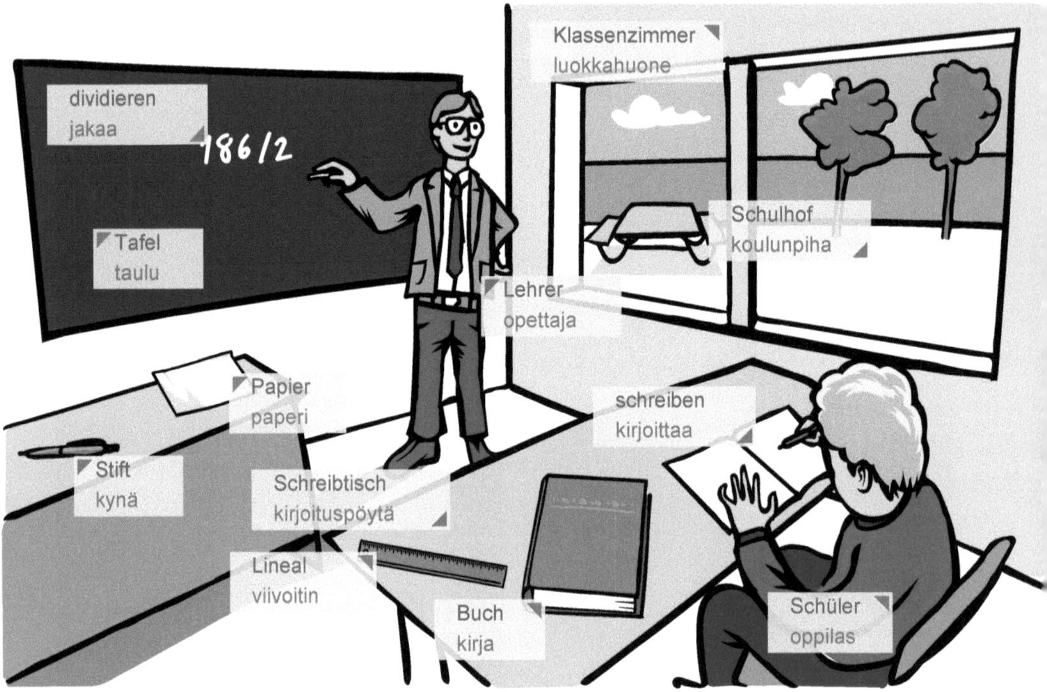
Klassenzimmer
luokkahuone
dividieren
jakaa
186/2
Tafel
taulu
Schulhof
koulunpiha
Lehrer
opettaja
Papier
paperi
schreiben
kirjoittaa
Stift
kynä
Schreibtisch
kirjoituspöytä
Lineal
viivoitin
Buch
kirja
Schüler
oppilas

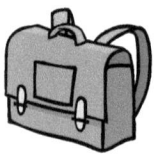

Ranzen
reppu

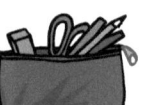

Federmappe
penaali

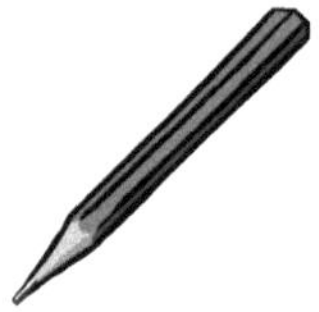

Bleistift
lyijykynä

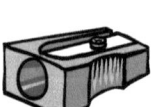

Bleistiftanspitzer
kynänteroitin

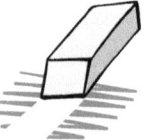

Radiergummi
pyyhekumi

Zeichenblock
piirustuslehtiö

Zeichnung

piirustus

Pinsel

pensseli

Malkasten

vesivärit

Schere

sakset

Klebstoff

liima

Übungsheft

harjoituskirja

Hausaufgabe

kotitehtävä

12

Zahl

luku

2+2

addieren

lisätä

5-2

subtrahieren

vähentää

2×2

multiplizieren

kertoa

rechnen

laskea

Buchstabe

kirjain

ABCDEFG
HIJKLMN
OPQRSTU
VWXYZ

Alphabet

aakkoset

Wort

sana

Text

teksti

lesen

lukea

Kreide

liitu

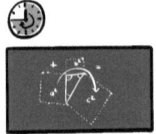

Stunde

oppitunti

Klassenbuch

opettajan muistikirja

Prüfung

koe

Zeugnis

todistus

Schuluniform

koulupuku

Ausbildung

koulutus

Lexikon

sanakirja

Universität

yliopisto

Mikroskop

mikroskooppi

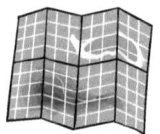

Karte

kartta

Papierkorb

roskakori

Reise
matka

Hotel
hotelli
Grand
Herberge
retkeilymaja
ROOMS
Wechselstube
rahanvaihto
CHANGE
Koffer
matkalaukku
Auto
auto

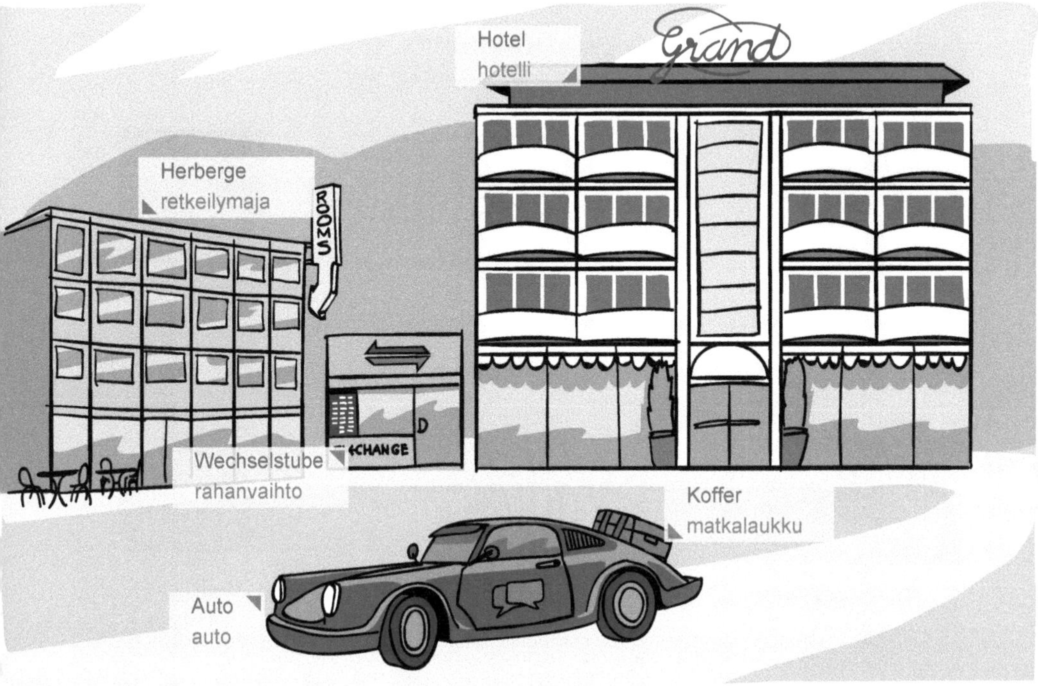

Sprache

kieli

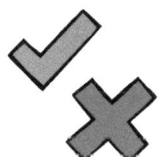

ja / nein

kyllä / ei

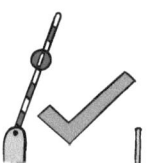

Okay

selvä

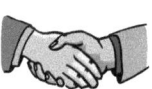

Hallo

hei

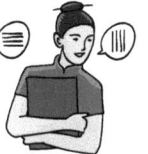

Übersetzer

tulkki

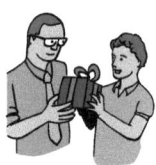

Danke

kiitos

Was kostet…?

Paljonko…maksaa?

Ich verstehe nicht

en ymmärrä

Problem

ongelma

Guten Abend!

Hyvää iltaa!

Guten Morgen!

Hyvää huomenta!

Gute Nacht!

Hyvää yötä!

Auf Wiedersehen

näkemiin

Richtung

suunta

Gepäck

matkatavarat

Tasche

laukku

Rucksack

reppu

Gast

vieras

Zimmer

huone

Schlafsack

makuupussi

Zelt

teltta

Touristeninformation

turisti-info

Strand

ranta

Kreditkarte

luottokortti

Frühstück

aamupala

Mittagessen

lounas

Abendessen

päivällinen

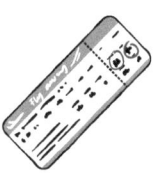

Fahrkarte

matkalippu

Fahrstuhl

hissi

Briefmarke

postimerkki

Grenze

raja

Zoll

tulli

Botschaft

suurlähetystö

Visum

viisumi

Pass

passi

Transport
kuljetus

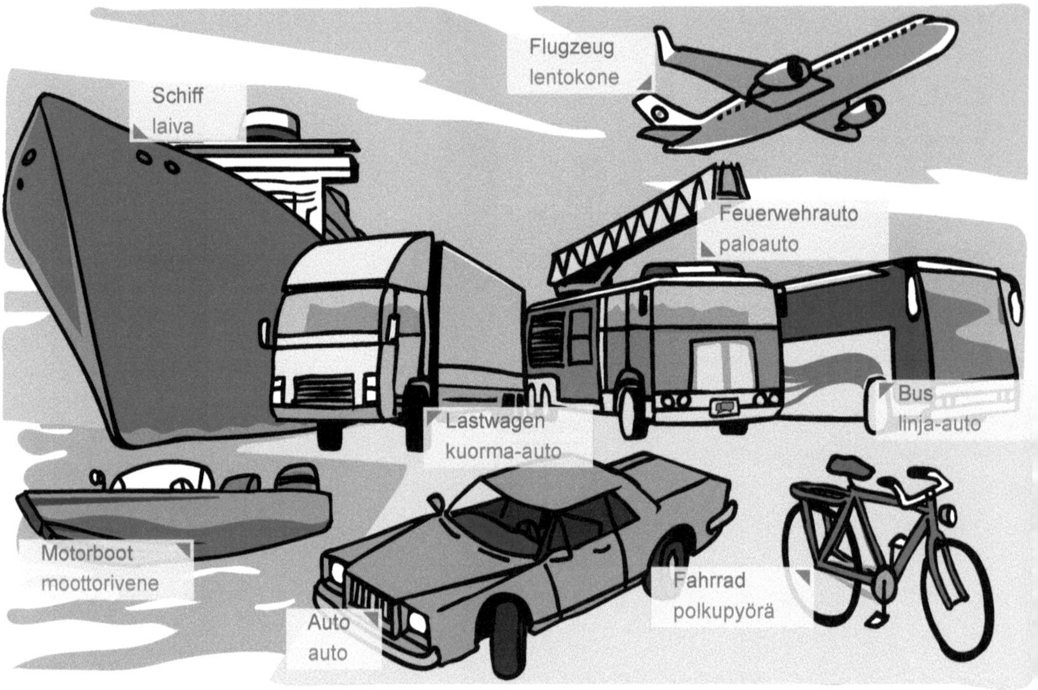
Schiff
laiva
Flugzeug
lentokone
Feuerwehrauto
paloauto
Lastwagen
kuorma-auto
Bus
linja-auto
Motorboot
moottorivene
Fahrrad
polkupyörä
Auto
auto

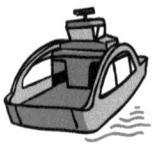

Fähre

lautta

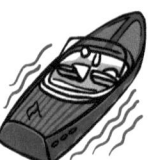

Boot

vene

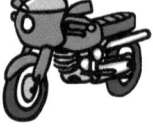

Motorrad

moottoripyörä

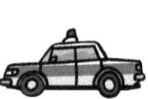

Polizeiauto

poliisiauto

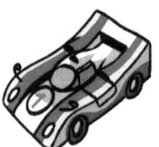

Rennauto

kilpa-auto

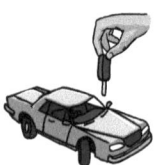

Mietwagen

vuokra-auto

Carsharing

car sharing

Abschleppwagen

hinausauto

Müllauto

roska-auto

Motor

moottori

Kraftstoff

polttoaine

Tankstelle

huoltoasema

Verkehrsschild

liikennemerkki

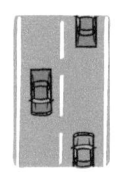

Verkehr

liikenne

Stau

ruuhka

Parkplatz

parkkipaikka

Bahnhof

rautatieasema

Schienen

raiteet

Zug

juna

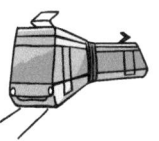

Straßenbahn

raitiovaunu

Wagon

vaunu

Helikopter

helikopteri

Flughafen

lentokenttä

Tower

lähilennonjohto

Passagier

matkustaja

Container

kontti

Karton

pahvilaatikko

Karren

kärryt

Korb

kori

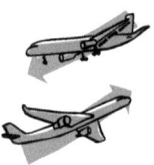

starten / landen

nousta / laskea

Stadt

kaupunki

Dorf

kylä

Stadtzentrum

keskusta

Haus

talo

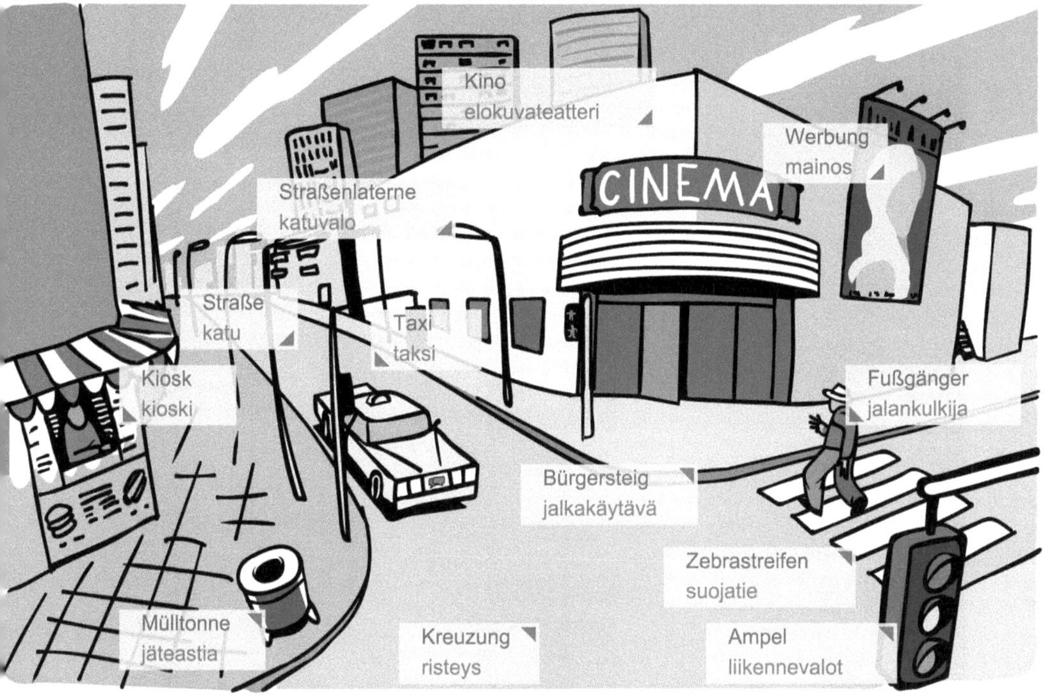

Kino
elokuvateatteri

Werbung
mainos

Straßenlaterne
katuvalo

CINEMA

Straße
katu

Taxi
taksi

Kiosk
kioski

Fußgänger
jalankulkija

Bürgersteig
jalkakäytävä

Zebrastreifen
suojatie

Mülltonne
jäteastia

Kreuzung
risteys

Ampel
liikennevalot

Hütte

mökki

Wohnung

kerrostalo

Bahnhof

rautatieasema

Rathaus

kaupungintalo

Museum

museo

Schule

koulu

Universität

yliopisto

Bank

pankki

Krankenhaus

sairaala

Hotel

hotelli

Apotheke

apteekki

Büro

toimisto

Buchhandlung

kirjakauppa

Geschäft

liike

Blumenladen

kukkakauppa

Supermarkt

supermarketti

Markt

tori

Kaufhaus

tavaratalo

Fischhändler

kalakauppias

Einkaufszentrum

ostoskeskus

Hafen

satama

Stadt - kaupunki

Park

puisto

Bank

penkki

Brücke

silta

Treppe

portaat

U-Bahn

metro

Tunnel

tunneli

Bushaltestelle

linja-autopysäkki

Bar

baari

Restaurant

ravintola

Briefkasten

postilaatikko

Straßenschild

katukyltti

Parkuhr

parkkimittari

Zoo

eläintarha

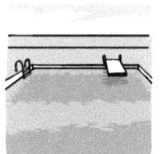

Badeanstalt

uimala

Moschee

moskeija

Bauernhof

maatila

Umweltverschmutzung

ympäristön saastuminen

Friedhof

hautausmaa

Kirche

kirkko

Spielplatz

leikkikenttä

Tempel

temppeli

Landschaft

maisema

Blatt
lehti

Wegweiser
tienviitta

Weg
tie

Wiese
niitty

Stein
kivi

Baum
puu

Wanderer
retkeilijä

Fluss
joki

Gras
ruoho

Blume
kukka

Tal

laakso

Berg

vuori

See

järvi

Wald

metsä

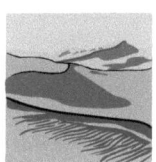

Wüste

aavikko

Vulkan

tulivuori

Schloss

linna

Regenbogen

sateenkaari

Pilz

sieni

Palme

palmu

Moskito

hyttynen

Fliege

kärpänen

Ameise

muurahainen

Biene

mehiläinen

Spinne

hämähäkki

Käfer

kovakuoriainen

Frosch

sammakko

Eichhörnchen

orava

Igel

siili

Hase

jänis

Eule

pöllö

Vogel

lintu

Schwan

joutsen

Wildschwein

villisika

Hirsch

peura

Elch

hirvi

Staudamm

pato

Windrad

tuulimylly

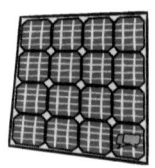

Solarmodul

aurinkopaneeli

Klima

ilmasto

Restaurant
ravintola

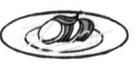

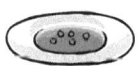

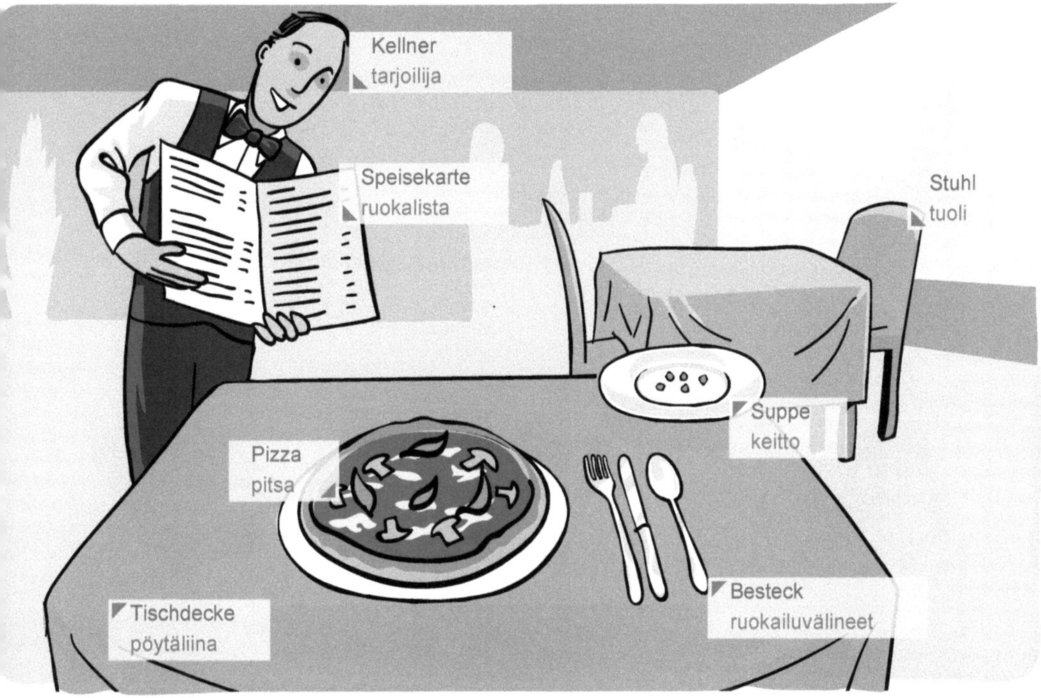

Kellner
tarjoilija
Speisekarte
ruokalista
Stuhl
tuoli
Suppe
keitto
Pizza
pitsa
Besteck
ruokailuvälineet
Tischdecke
pöytäliina

Vorspeise
alkuruoka

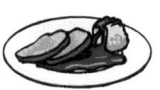

Hauptgericht
pääruoka

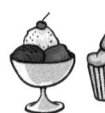

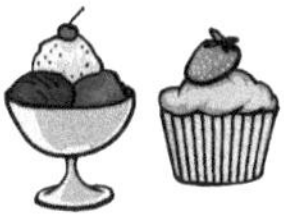

Nachspeise
jälkiruoka

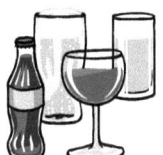

Getränke
juomat

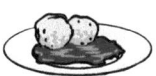

Essen
ruoka

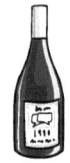

Flasche
pullo

Fastfood

pikaruoka

Streetfood

katuruoka

Teekanne

teekannu

Zuckerdose

sokeriastia

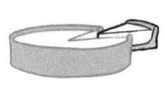

Portion

annos

Espressomaschine

espressokeitin

Hochstuhl

syöttötuoli

Rechnung

lasku

Tablett

tarjotin

Messer

veitsi

Gabel

haarukka

Löffel

lusikka

Teelöffel

teelusikka

Serviette

servietti

Glas

lasi

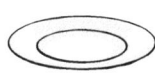

Teller
lautanen

Suppenteller
syvä lautanen

Untertasse
aluslautanen

Sauce
kastike

Salzstreuer
suolasirotin

Pfeffermühle
pippurimylly

Essig
etikka

Öl
öljy

Gewürze
mausteet

Ketchup
ketsuppi

Senf
sinappi

Mayonnaise
majoneesi

Supermarkt
supermarketti

Angebot
tarjous
FOR
Kunde
asiakas
Milchprodukte
maitotuotteet
Obst
hedelmät
Einkaufswagen
ostoskärryt

BUTCHERS

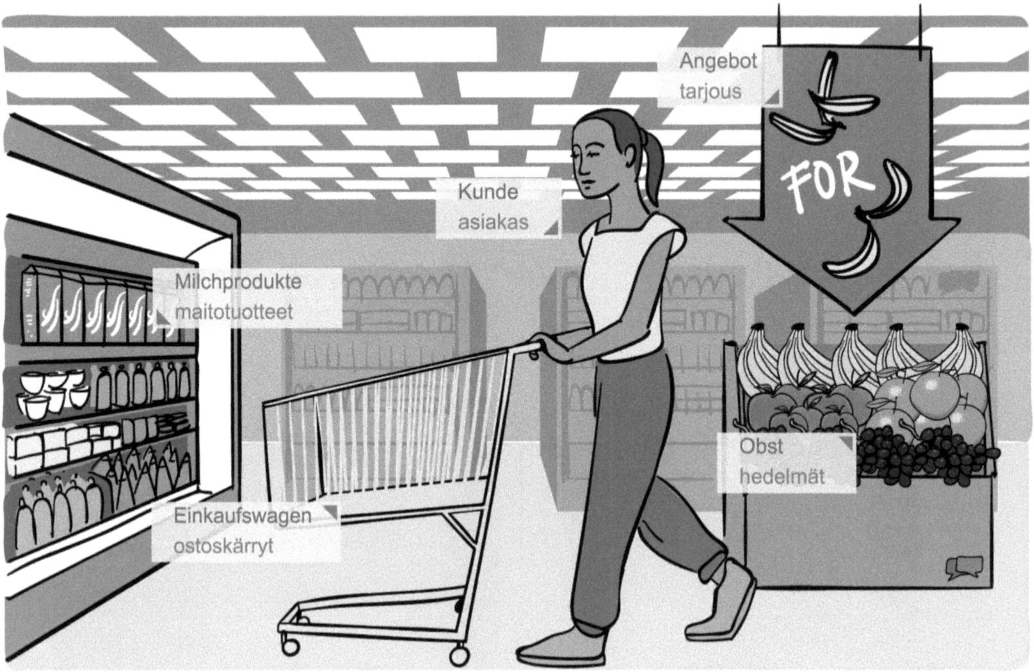

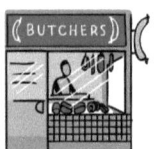

Schlachterei
teurastamo

BAKERY

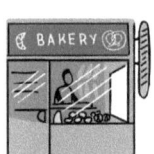

Bäckerei
leipomo

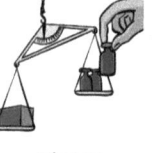

wiegen
punnita

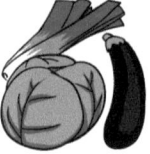

Gemüse
kasvikset

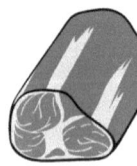

Fleisch
liha

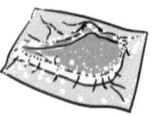

Tiefkühlkost
pakasteet

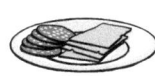

Aufschnitt

leikkele

Konserven

säilykkeet

Waschmittel

pesujauhe

Süßigkeiten

makeiset

Haushaltsartikel

kotitaloustarvikkeet

Reinigungsmittel

puhdistusaineet

Verkäuferin

myyjä

Kasse

kassa

Kassierer

kassanhoitaja

Einkaufsliste

ostoslista

Öffnungszeiten

aukioloajat

Brieftasche

lompakko

Kreditkarte

luottokortti

Tasche

kassi

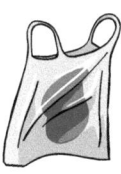

Plastiktüte

muovipussi

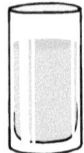

Wasser

vesi

Saft

mehu

Milch

maito

Cola

kokis

Wein

viini

Bier

olut

Alkohol

alkoholi

Kakao

kaakao

Tee

tee

Kaffee

kahvi

Espresso

espresso

Cappuccino

cappuccino

Banane

banaani

Apfel

omena

Orange

appelsiini

Melone

meloni

Zitrone

sitruuna

Karotte

porkkana

Knoblauch

valkosipuli

Bambus

bambu

Zwiebel

sipuli

Pilz

sieni

Nüsse

pähkinät

Nudeln

spagetti

Spaghetti

spagetti

Reis

riisi

Salat

salaatti

Pommes frites

ranskalaiset

Bratkartoffeln

paistetut perunat

Pizza

pitsa

Hamburger

hampurilainen

Sandwich

voileipä

Schnitzel

leike

Schinken

kinkku

Salami

salami

Wurst

makkara

Huhn

kana

Braten

paisti

Fisch

kala

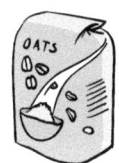

Haferflocken

kaurahiutaleet

Müsli

mysli

Cornflakes

murot

Mehl

jauho

Croissant

voisarvi

Brötchen

sämpylä

Brot

leipä

Toast

paahtoleipä

Kekse

keksit

Butter

voi

Quark

rahka

Kuchen

kakku

Ei

kananmuna

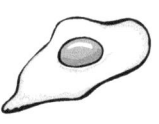

Spiegelei

paistettu kananmuna

Käse

juusto

Eiscreme

jäätelö

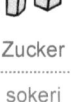

Zucker

sokeri

Honig

hunaja

Marmelade

hillo

Nougat-Creme

suklaapähkinälevite

Curry

curry

Bauernhof
maatila

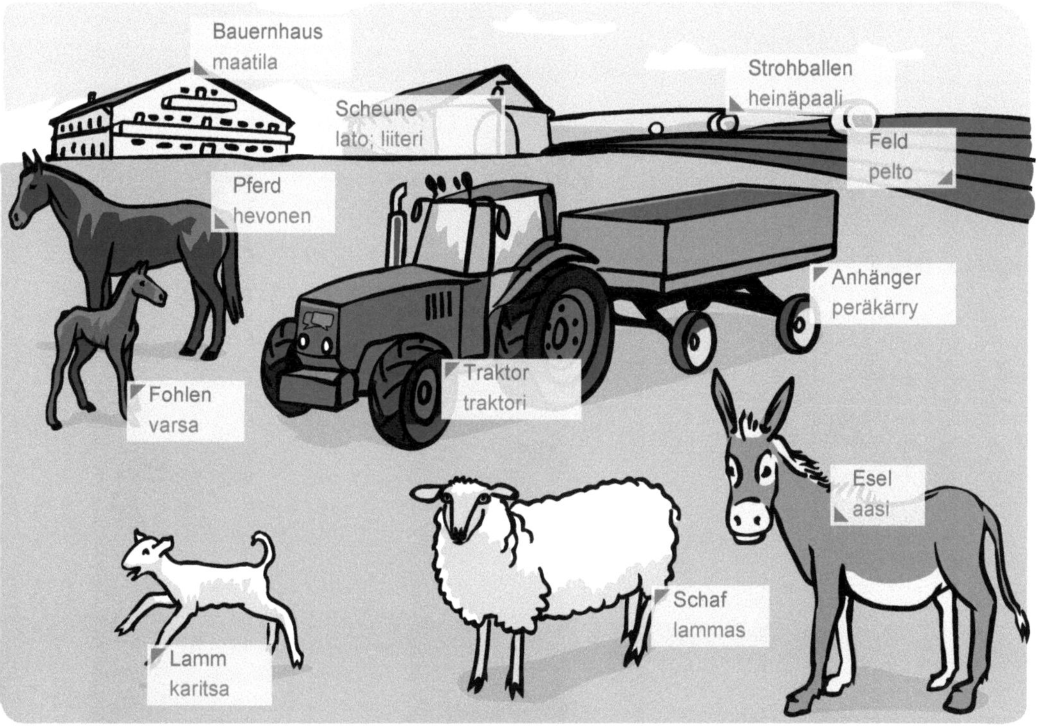
Bauernhaus
maatila
Scheune
lato; liiteri
Strohballen
heinäpaali
Feld
pelto
Pferd
hevonen
Anhänger
peräkärry
Traktor
traktori
Fohlen
varsa
Esel
aasi
Schaf
lammas
Lamm
karitsa

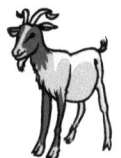

Ziege

vuohi

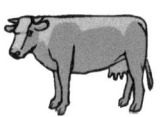

Kuh

lehmä

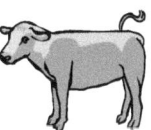

Kalb

vasikka

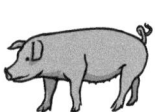

Schwein

sika

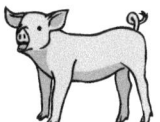

Ferkel

porsas

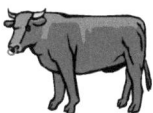

Bulle

sonni

Gans

hanhi

Ente

ankka

Küken

tipu

Huhn

kana

Hahn

kukko

Ratte

rotta

Katze

kissa

Maus

hiiri

Ochse

härkä

Hund

koira

Hundehütte

koirankoppi

Gartenschlauch

puutarhaletku

Gießkanne

kastelukannu

Sense

viikate

Pflug

aura

Sichel

sirppi

Hacke

kuokka

Mistgabel

talikko

Axt

kirves

Schubkarre

kottikärryt

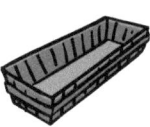

Trog

kaukalo

Milchkanne

maitokannu

Sack

säkki

Zaun

aita

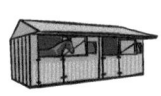

Stall

talli

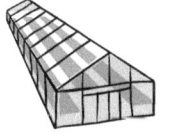

Treibhaus

kasvihuone

Boden

maa

Saat

siemen

Dünger

lannoite

Mähdrescher

leikkuupuimuri

ernten

kerätä sato

Ernte

sato

Yamswurzel

jamssit

Weizen

vehnä

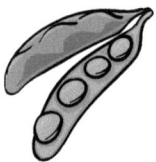

Soja

soija

Kartoffel

peruna

Mais

maissi

Raps

rypsi

Obstbaum

hedelmäpuu

Maniok

maniokki

Getreide

vilja

Haus
talo

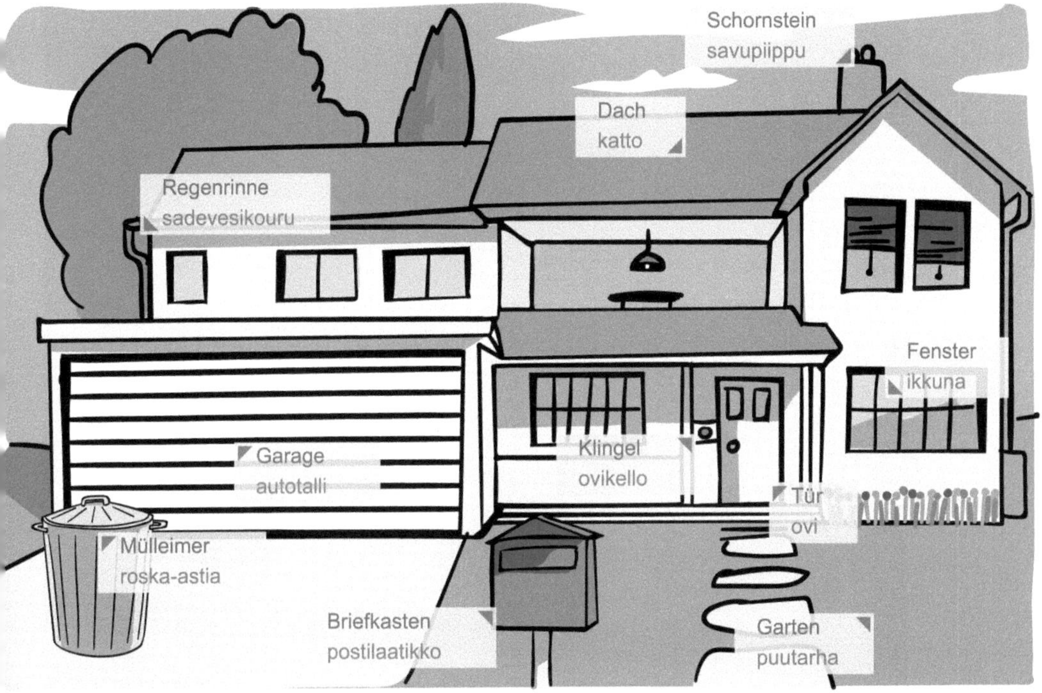
Schornstein
savupiippu
Dach
katto
Regenrinne
sadevesikouru
Fenster
ikkuna
Klingel
ovikello
Garage
autotalli
Tür
ovi
Mülleimer
roska-astia
Briefkasten
postilaatikko
Garten
puutarha

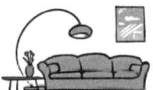

Wohnzimmer

olohuone

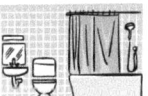

Badezimmer

kylpyhuone

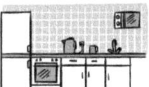

Küche

keittiö

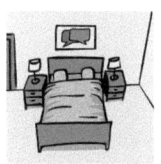

Schlafzimmer

makuuhuone

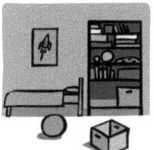

Kinderzimmer

lastenhuone

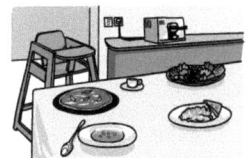

Esszimmer

ruokahuone

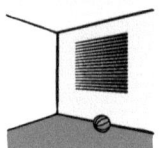

Boden

lattia

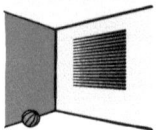

Wand

seinä

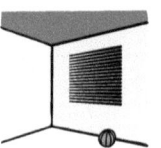

Decke

katto

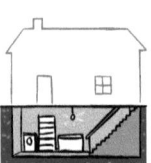

Keller

kellari

Sauna

sauna

Balkon

parveke

Terrasse

terassi

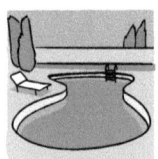

Schwimmbad

uima-allas

Rasenmäher

ruohonleikkuri

Bettbezug

lakana

Bettdecke

päiväpeitto

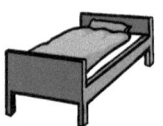

Bett

sänky

Besen

harja

Eimer

ämpäri

Schalter

katkaisin

Wohnzimmer
olohuone

Tapete
tapetti
Bild
kuva
Lampe
lamppu
Regal
hylly
Schrank
kaappi
Fernseher
televisio
Kamin
takka
Blume
kukka
Kissen
tyyny
Sofa
sohva
Vase
maljakko
Fernbedienung
kaukosäädin

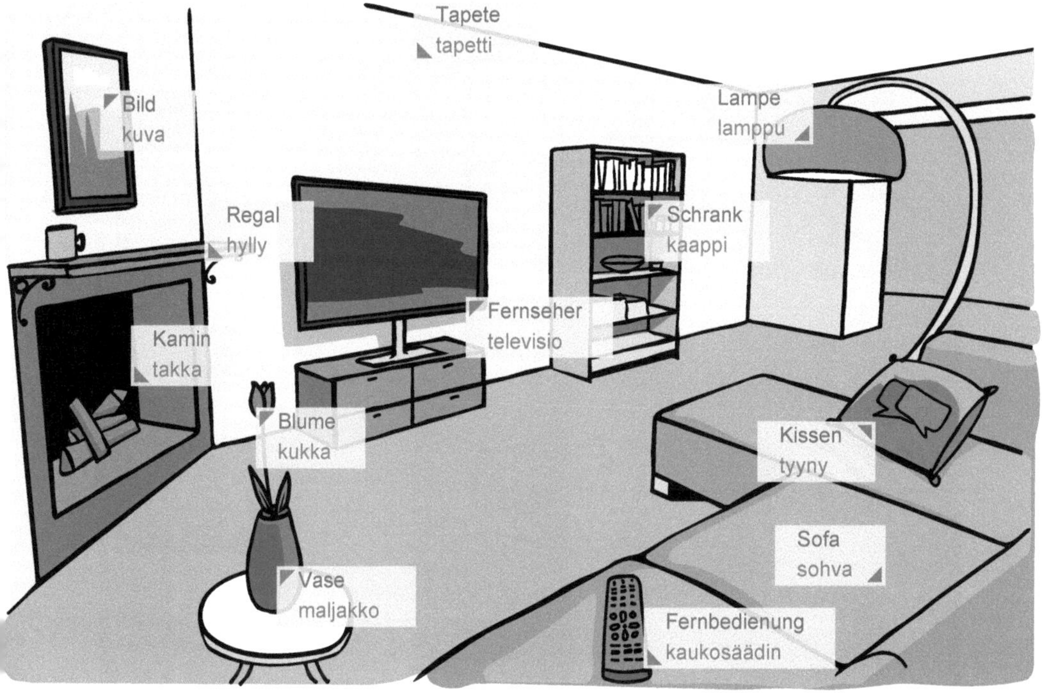

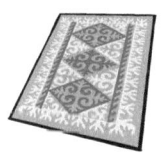

Teppich
matto

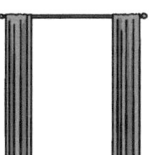

Vorhang
verho

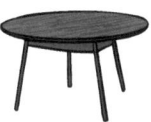

Tisch
pöytä

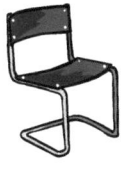

Stuhl
tuoli

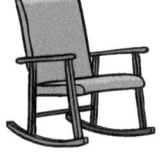

Schaukelstuhl
keinutuoli

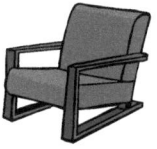

Sessel
nojatuoli

Buch

kirja

Decke

peitto

Dekoration

koriste

Feuerholz

polttopuut

Film

elokuva

Stereoanlage

stereot

Schlüssel

avain

Zeitung

sanomalehti

Gemälde

maalaus

Poster

juliste

Radio

radio

Notizblock

muistivihko

Staubsauger

pölynimuri

Kaktus

kaktus

Kerze

kynttilä

Küche
keittiö

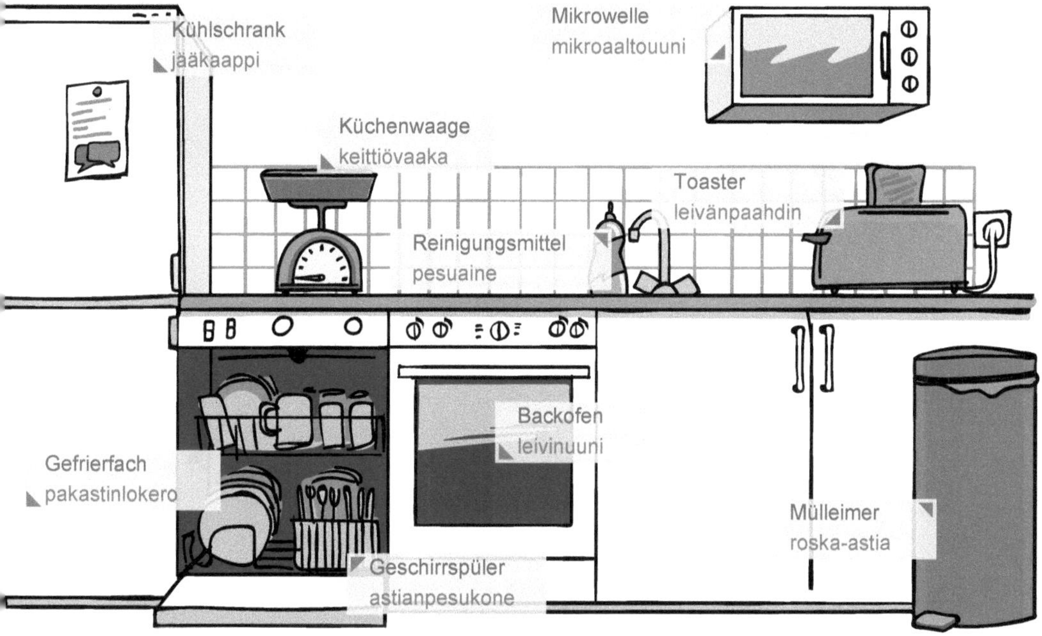

Kühlschrank
jääkaappi
Mikrowelle
mikroaaltouuni
Küchenwaage
keittiövaaka
Toaster
leivänpaahdin
Reinigungsmittel
pesuaine
Backofen
leivinuuni
Gefrierfach
pakastinlokero
Mülleimer
roska-astia
Geschirrspüler
astianpesukone

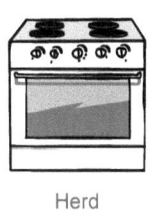

Herd

liesi

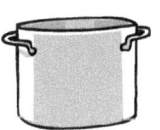

Topf

kattila

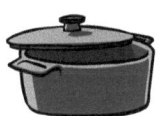

Eisentopf

rautapata

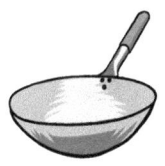

Wok / Kadai

vokkipannu / kadai-pannu

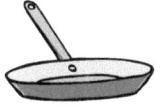

Pfanne

paistinpannu

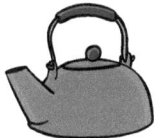

Wasserkocher

teepannu

Dampfgarer

höyrykeitin

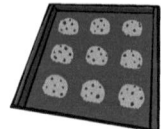

Backblech

uunipelti

Geschirr

astiat

Becher

muki

Schale

kulho

Essstäbchen

syömäpuikot

Suppenkelle

kauha

Pfannenwender

paistinlasta

Schneebesen

vispilä

Kochsieb

siivilä

Sieb

siivilä

Reibe

raastin

Mörser

mortteli

Grill

grilli

Feuerstelle

avotuli

Schneidebrett

leikkuulauta

Nudelholz

kaulin

Korkenzieher

korkinavaaja

Dose

purkki

Dosenöffner

purkinavaaja

Topflappen

pannulappu

Waschbecken

lavuaari

Bürste

tiskiharja

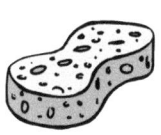

Schwamm

pesusieni

Mixer

tehosekoitin

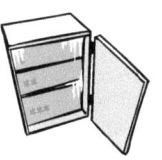

Gefriertruhc

pakastin

Babyflasche

tuttipullo

Wasserhahn

vesihana

Badezimmer
kylpyhuone

Heizung
lämmitys
Handtuch
pyyhe
Dusche
suihku
Duschvorhang
suihkuverho
Schaumbad
vaahtokylpy
Badewanne
kylpyamme
Glas
lasi
Waschmaschine
pesukone
Wasserhahn
vesihana
Fliesen
kaakelit
Töpfchen
potta
Waschbecken
lavuaari

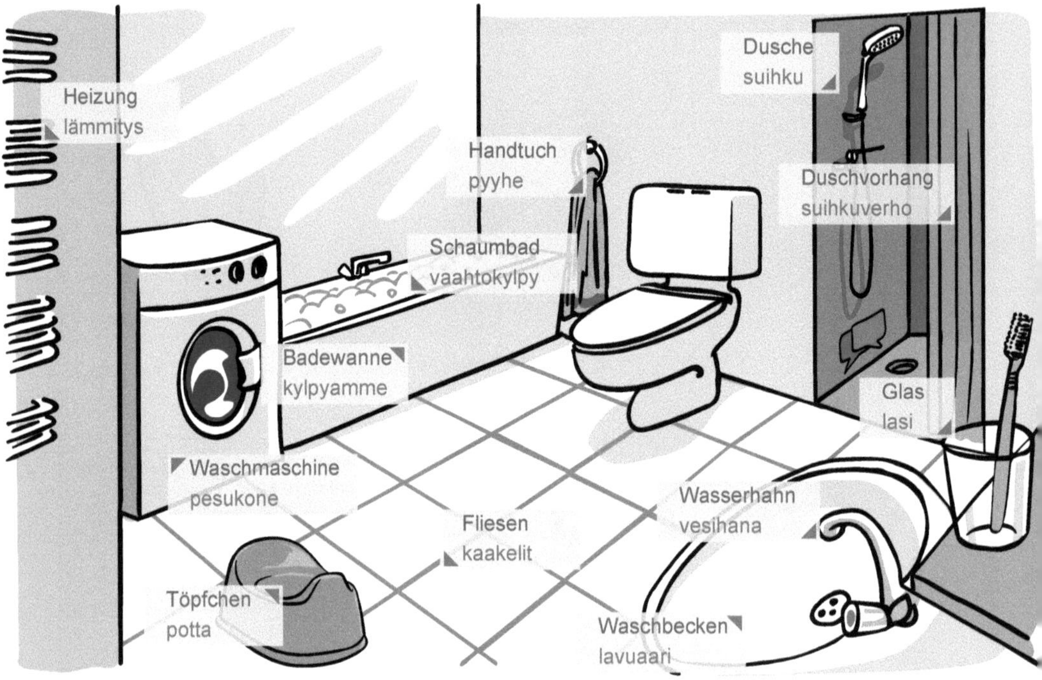

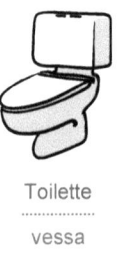

Toilette

vessa

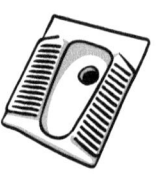

Hocktoilette

kyykkyvessa

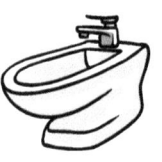

Bidet

bidee

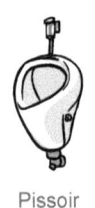

Pissoir

pisuaari

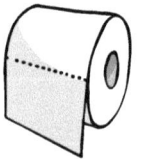

Toilettenpapier

vessapaperi

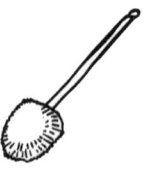

Toilettenbürste

vessaharja

Zahnbürste

hammasharja

Zahnpasta

hammastahna

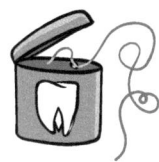

Zahnseide

hammaslanka

waschen

pestä

Handbrause

käsisuihku

Intimdusche

intiimisuihku

Waschschüssel

pesuvati

Rückenbürste

selkäharja

Seife

saippua

Duschgel

suihkugeeli

Shampoo

shampoo

Waschlappen

pesulappu

Abfluss

viemäri

Creme

voide

Deodorant

deodorantti

Spiegel

peili

Kosmetikspiegel

käsipeili

Rasierer

partaveitsi

Rasierschaum

partavaahto

Rasierwasser

partavesi

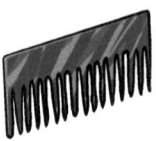

Kamm

kampa

Bürste

harja

Föhn

hiustenkuivaaja

Haarspray

hiuslakka

Makeup

meikki

Lippenstift

huulipuna

Nagellack

kynsilakka

Watte

pumpuli

Nagelschere

kynsisakset

Parfum

hajuvesi

Kulturbeutel

kosmetiikkalaukku

Hocker

jakkara

Waage

vaaka

Bademantel

kylpytakki

Gummihandschuhe

kumihansikkaat

Tampon

tamponi

Damenbinde

terveysside

Chemietoilette

kemiallinen wc

Kinderzimmer
lastenhuone

Wecker
herätyskello
Kuscheltier
pehmolelu
Spielzeugauto
leikkiauto
Rassel
helistin
Puppenhaus
nukkekoti
Geschenk
lahja

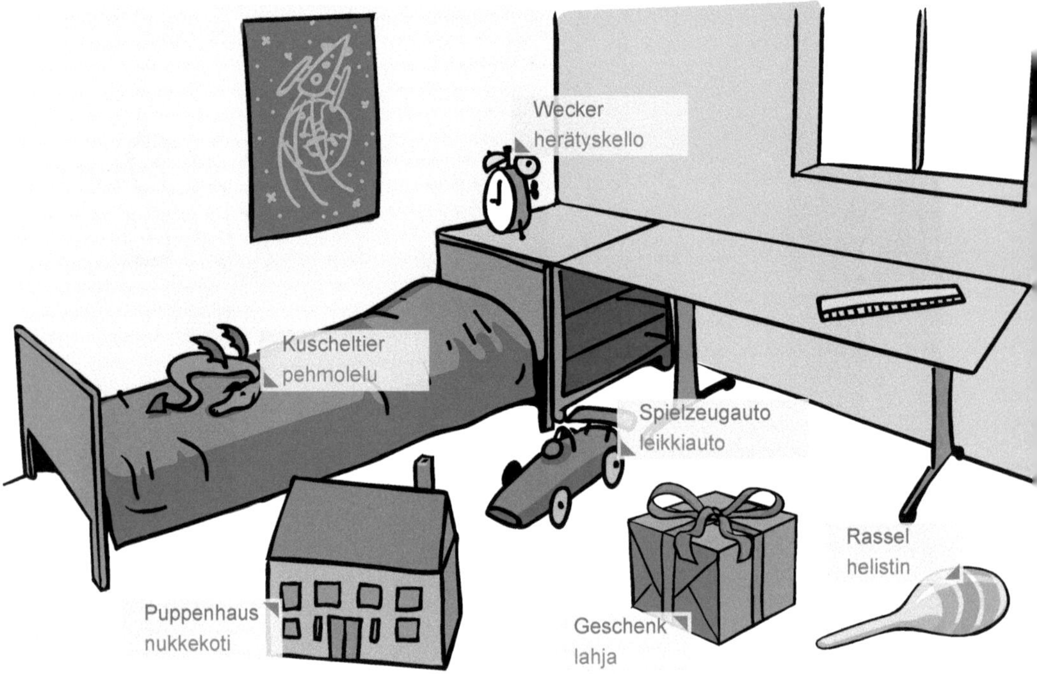

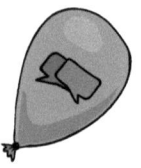

Ballon
ilmapallo

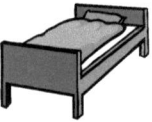

Bett
sänky

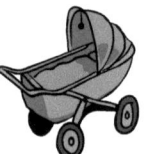

Kinderwagen
lastenvaunut

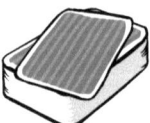

Kartenspiel
korttipeli

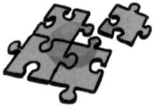

Puzzle
palapeli

Comic
sarjakuva

Legosteine

legopalikat

Bausteine

rakennuspalikat

Action Figur

supersankari

Strampelanzug

potkupuku

Frisbee

frisbee

Mobile

mobile

Brettspiel

lautapeli

Würfel

noppa

Modelleisenbahn

pienoisjunarata

Schnuller

tutti

Party

juhlat

Bilderbuch

kuvakirja

Ball

pallo

Puppe

nukke

spielen

leikkiä

Sandkasten

hiekkalaatikko

Schaukel

keinu

Spielzeug

lelut

Spielkonsole

pelikonsoli

Dreirad

kolmipyörä

Teddy

nalle

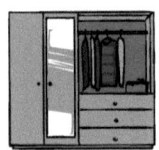

Kleiderschrank

vaatekaappi

Kleidung

vaatteet

Socken

sukat

Strümpfe

nylonsukat

Strumpfhose

sukkahousut

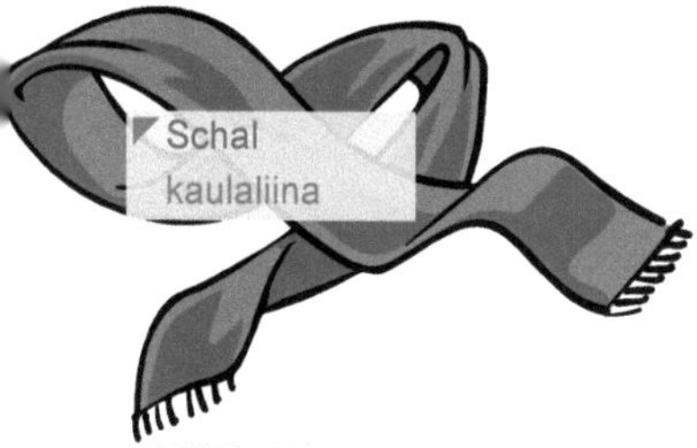

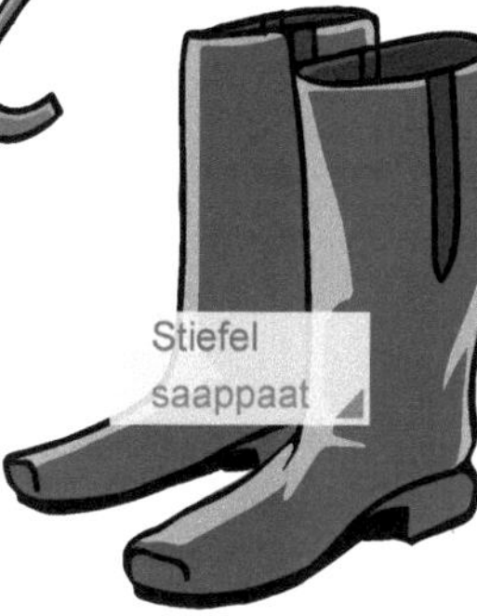

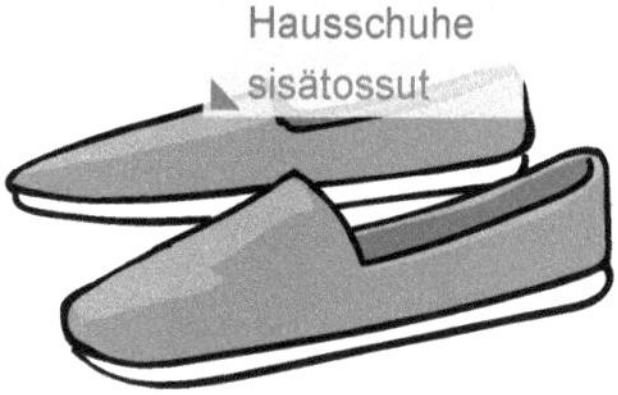

Schal
kaulaliina

Regenschirm
sateenvarjo

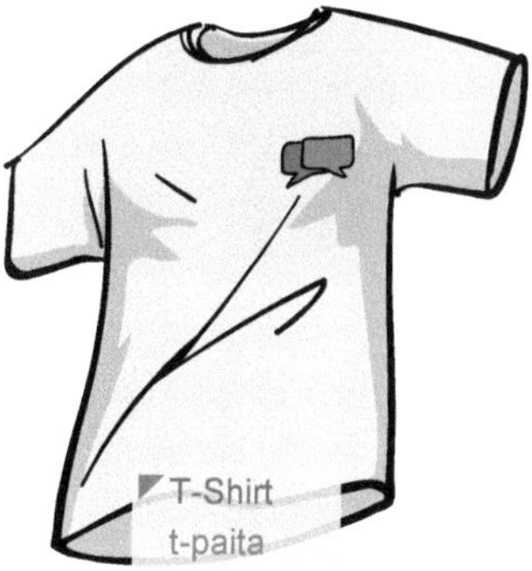

T-Shirt
t-paita

Gürtel
vyö

Stiefel
saappaat

Hausschuhe
sisätossut

Turnschuhe
lenkkarit

Sandalen
sandaalit

Schuhe
kengät

Gummistiefel
kumisaappaat

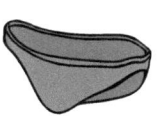

Unterhose
alushousut

Büstenhalter
rintaliivit

Unterhemd
aluspaita

Body

body

Hose

housut

Jeans

farkut

Rock

hame

Bluse

pusero

Hemd

paita

Pullover

villapaita

Kapuzenpullover

collegepaita

Blazer

jakku

Jacke

takki

Mantel

takki

Regenmantel

sadetakki

Kostüm

puku

Kleid

mekko

Hochzeitskleid

hääpuku

Anzug

puku

Nachthemd

yöpaita

Schlafanzug

pyjama

Sari

shari

Kopftuch

päähuivi

Turban

turbaani

Burka

burka

Kaftan

kaftaani

Abaya

abaya

Badeanzug

uimapuku

Badehose

uimahousut

Kurze Hose

shortsit

Trainingsanzug

verkkarit

Schürze

esiliina

Handschuhe

käsineet

Knopf

nappi

Brille

silmälasit

Armband

rannekoru

Halskette

kaulakoru

Ring

sormus

Ohrring

korvakoru

Mütze

lippalakki

Kleiderbügel

ripustin

Hut

hattu

Krawatte

solmio

Reißverschluss

vetoketju

Helm

kypärä

Hosenträger

henkselit

Schuluniform

koulupuku

Uniform

univormu

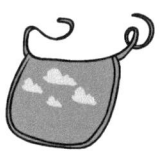

Lätzchen

ruokalappu

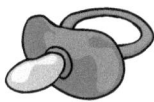

Schnuller

tutti

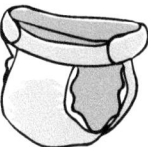

Windel

vaippa

Büro
toimisto

Server
palvelin
Aktenschrank
asiakirjakaappi
Papier
paperi
Drucker
tulostin
Monitor
näyttö
Maus
hiiri
Schreibtisch
kirjoituspöytä
Ordner
kansio
Tastatur
näppäimistö
Papierkorb
roskakori
Computer
tietokone
Stuhl
tuoli

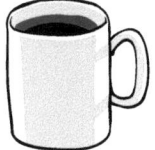

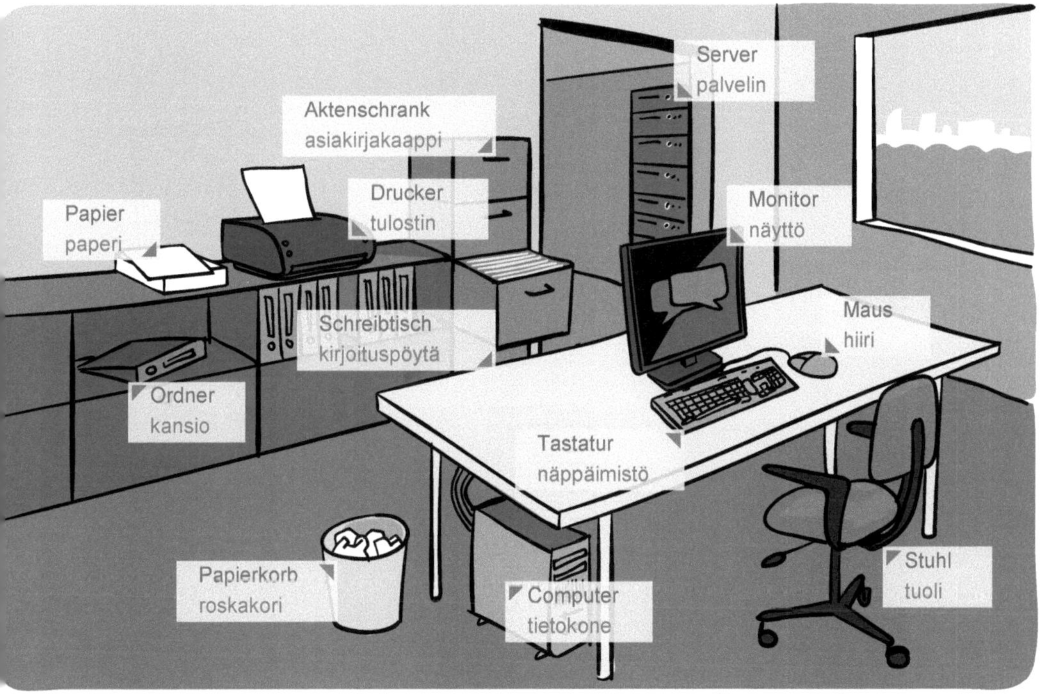

Kaffeebecher

kahvimuki

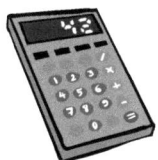

Taschenrechner

taskulaskin

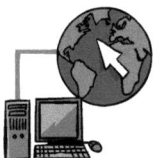

Internet

internet

Laptop

kannettava tietokone

Brief

kirje

Nachricht

viesti

Handy

kännykkä

Netzwerk

verkko

Kopierer

kopiokone

Software

ohjelmisto

Telefon

puhelin

Steckdose

pistorasia

Fax

faksi

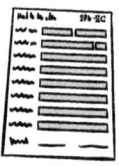

Formular

lomake

Dokument

asiakirja

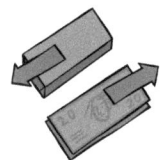

kaufen

ostaa

bezahlen

maksaa

handeln

vaihtaa

Geld

raha

Dollar

dollari

Euro

euro

Yen

jeni

Rubel

rupla

Franken

frangi

Renminbi Yuan

renminbi juan

Rupie

rupia

Geldautomat

pankkiautomaatti

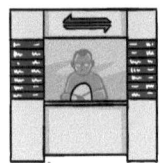

Wechselstube

rahanvaihto

Gold

kulta

Silber

hopea

Öl

öljy

Energie

energia

Preis

hinta

Vertrag

sopimus

Steuer

vero

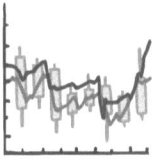

Aktie

osake

arbeiten

työskennellä

Angestellter

työntekijä

Arbeitgeber

työnantaja

Fabrik

tehdas

Geschäft

liike

Berufe
ammatit

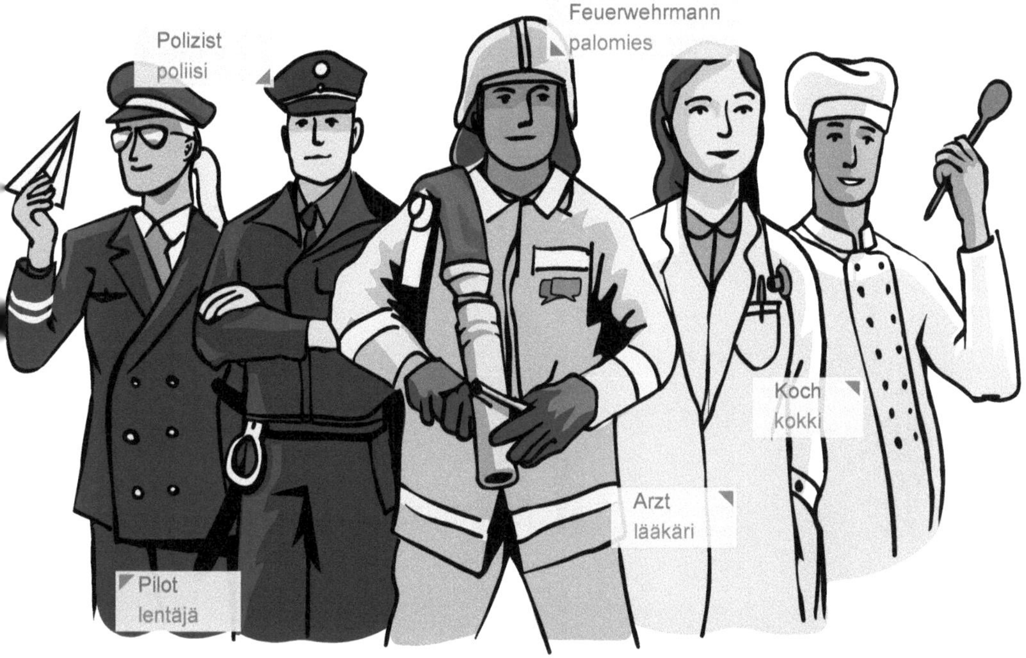
Polizist
poliisi
Feuerwehrmann
palomies
Koch
kokki
Arzt
lääkäri
Pilot
lentäjä

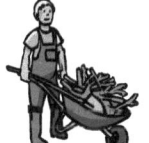

Gärtner

puutarhuri

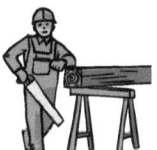

Tischler

puuseppä

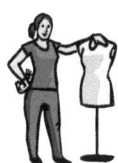

Näherin

ompelija

Richter

tuomari

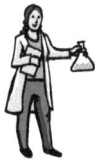

Chemiker

kemisti

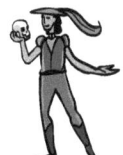

Schauspieler

näyttelijä

Busfahrer

linja-autonkuljettaja

Taxifahrer

taksinkuljettaja

Fischer

kalastaja

Putzfrau

siivooja

Dachdecker

katontekijä

Kellner

tarjoilija

Jäger

metsästäjä

Maler

maalari

Bäcker

leipuri

Elektriker

sähköasentaja

Bauarbeiter

rakentaja

Ingenieur

insinööri

Schlachter

teurastaja

Klempner

putkiasentaja

Postbote

postinjakaja

Soldat

sotilas

Architekt

arkkitehti

Kassierer

kassanhoitaja

Florist

floristi

Friseur

kampaaja

Schaffner

konduktööri

Mechaniker

mekaanikko

Kapitän

kapteeni

Zahnarzt

hammaslääkäri

Wissenschaftler

tiedemies

Rabbi

rabbi

Imam

imaami

Mönch

munkki

Geistlicher

pappi

Werkzeuge
työkalut

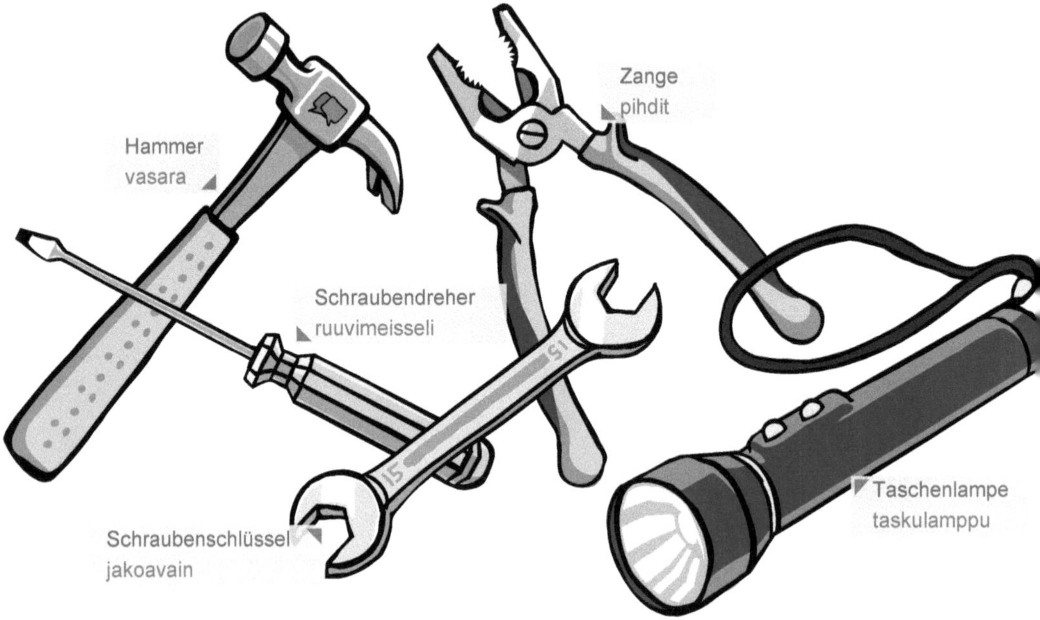

Zange
pihdit
Hammer
vasara
Schraubendreher
ruuvimeisseli
Taschenlampe
taskulamppu
Schraubenschlüssel
jakoavain

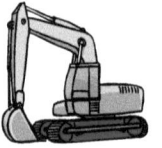

Bagger

kaivinkone

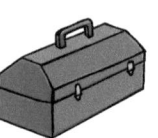

Werkzeugkasten

työkalupakki

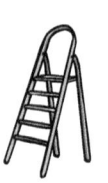

Leiter

tikkaat

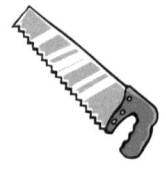

Säge

saha

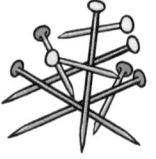

Nägel

naulat

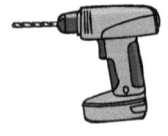

Bohrer

pora

reparieren

korjata

Schaufel

lapio

Mist!

Hitto!

Kehrblech

rikkalapio

Farbtopf

maalipurkki

Schrauben

ruuvit

Musikinstrumente
soittimet

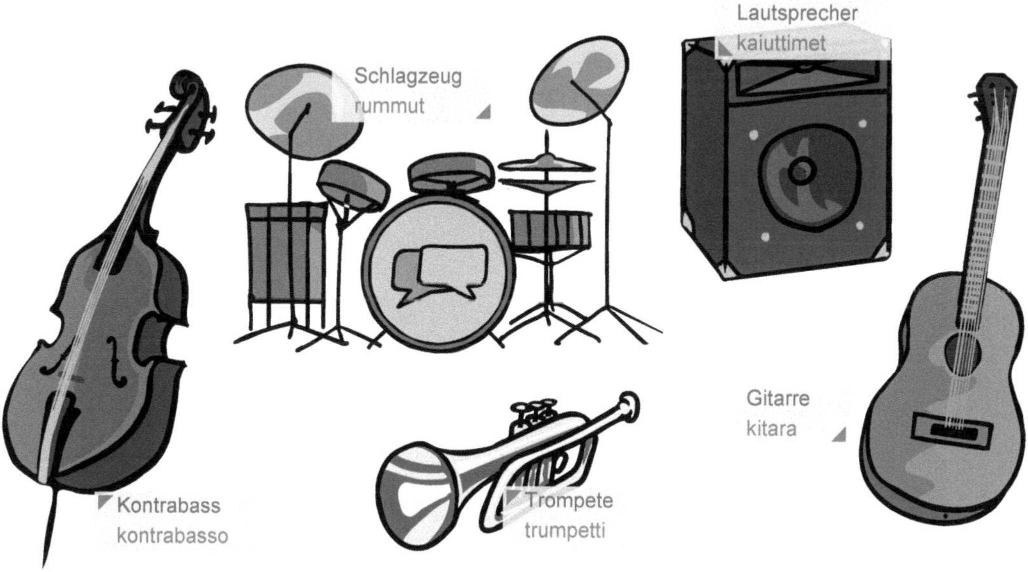

Lautsprecher
kaiuttimet

Schlagzeug
rummut

Kontrabass
kontrabasso

Trompete
trumpetti

Gitarre
kitara

Klavier

piano

Violine

viulu

Bass

basso

Pauke

patarummut

Trommeln

rumpu

Keyboard

kosketinsoitin

Saxophon

saksofoni

Flöte

huilu

Mikrofon

mikrofoni

Zoo
eläintarha

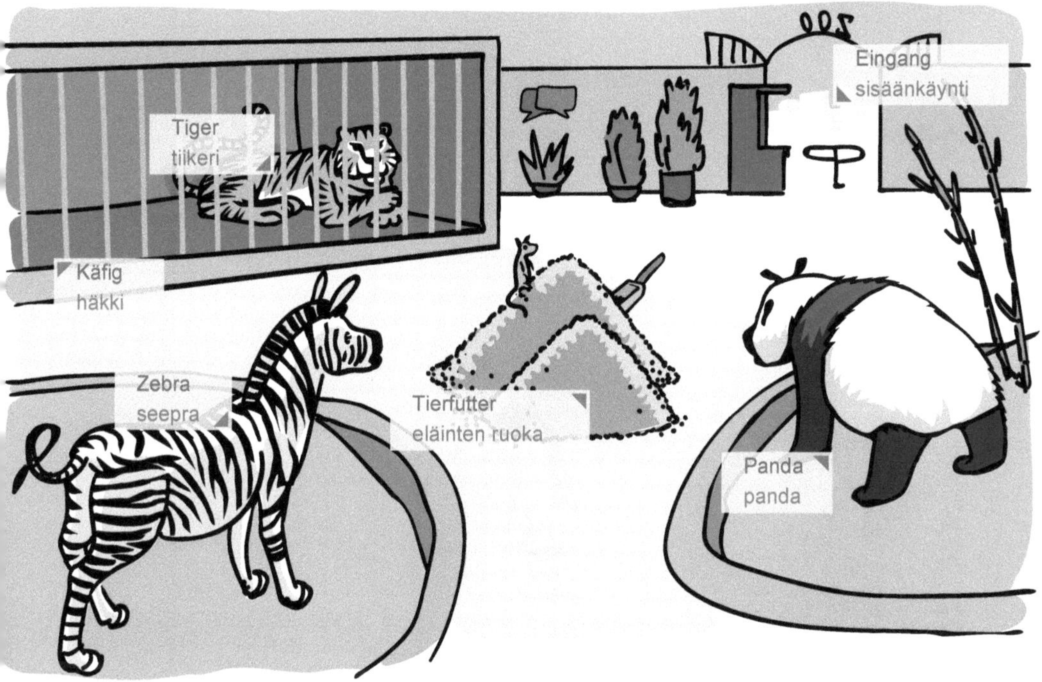

Tiger
tiikeri
Käfig
häkki
Zebra
seepra
Tierfutter
eläinten ruoka
Panda
panda
Eingang
sisäänkäynti

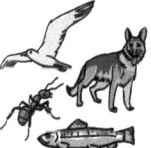

Tiere
eläimet

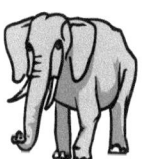

Elefant
norsu

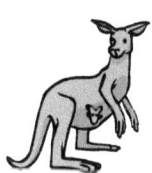

Känguru
kenguru

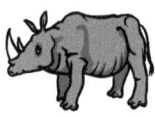

Nashorn
sarvikuono

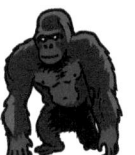

Gorilla
gorilla

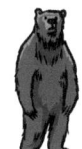

Bär
karhu

Kamel

kameli

Strauß

strutsi

Löwe

leijona

Affe

apina

Flamingo

flamingo

Papagei

papukaija

Eisbär

jääkarhu

Pinguin

pingviini

Hai

hai

Pfau

riikinkukko

Schlange

käärme

Krokodil

krokotiili

Zoowärter

eläintarhanhoitaja

Robbe

hylje

Jaguar

jaguaari

Pony

poni

Leopard

leopardi

Nilpferd

virtahepo

Giraffe

kirahvi

Adler

kotka

Wildschwein

villisika

Fisch

kala

Schildkröte

kilpikonna

Walross

mursu

Fuchs

kettu

Gazelle

gaselli

American Football
amerikkalainen jalkapallo

Radfahren
pyöräily

Tennis
tennis

Basketball
koripallo

Schwimmen
uinti

Boxen
nyrkkeily

Eishockey
jääkiekko

Fußball
jalkapallo

Badminton
sulkapallo

Leichtathletik
yleisurheilu

Handball
käsipallo

Skilaufen
hiihto

Polo
poolo

Aktivitäten
aktiviteetit

lachen
nauraa
springen
hypätä
umarmen
halata
gehen
kävellä
singen
laulaa
träumen
unelmoida
beten
rukoilla
küssen
suudella

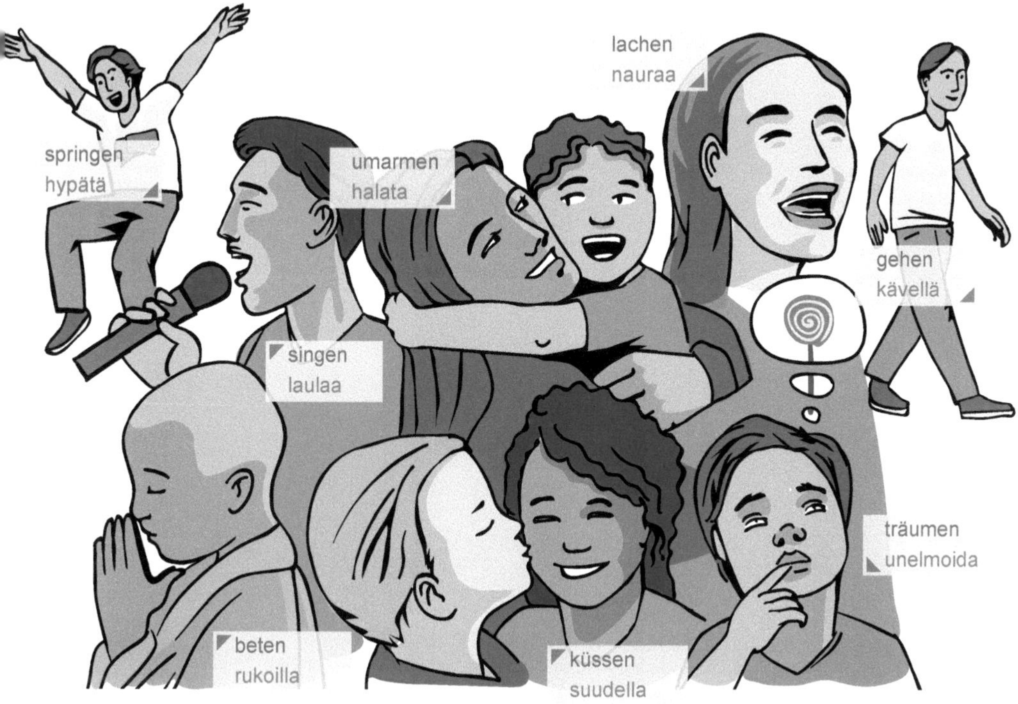

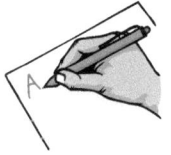

schreiben

kirjoittaa

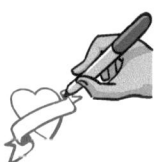

zeichnen

piirtää

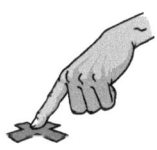

zeigen

näyttää

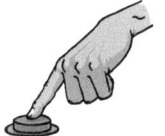

drücken

painaa

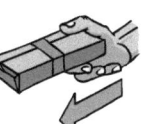

geben

antaa

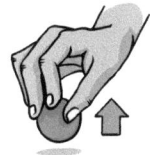

nehmen

ottaa

haben

omistaa

tun

tehdä

sein

olla

stehen

seisoa

laufen

juosta

ziehen

vetää

werfen

heittää

fallen

kaatua

liegen

maata

warten

odottaa

tragen

kantaa

sitzen

istua

anziehen

pukeutua

schlafen

nukkua

aufwachen

herätä

ansehen

katsoa

weinen

itkeä

streicheln

silittää

kämmen

kammata

reden

puhua

verstehen

ymmärtää

fragen

kysyä

hören

kuunnella

trinken

juoda

essen

syödä

aufräumen

siivota

lieben

rakastaa

kochen

keittää

fahren

ajaa

fliegen

lentää

segeln

purjehtia

rechnen

laskea

lesen

lukea

lernen

oppia

arbeiten

työskennellä

heiraten

mennä naimisiin

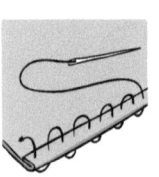

nähen

ommella

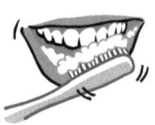

Zähne putzen

pestä hampaat

töten

tappaa

rauchen

tupakoida

senden

lähettää

Großmutter
mummo

Großvater
ukki

Vater
isä

Mutter
äiti

Baby
vauva

Tochter
tytär

Sohn
poika

Gast

vieras

Tante

täti

Onkel

setä

Bruder

veli

Schwester

sisko

Körper

vartalo

Stirn
otsa
Auge
silmä
Schulter
olkapää
Finger
sormet
Gesicht
kasvot
Kinn
leuka
Hand
käsi
Bein
jalka
Brust
rinta
Arm
käsivarsi

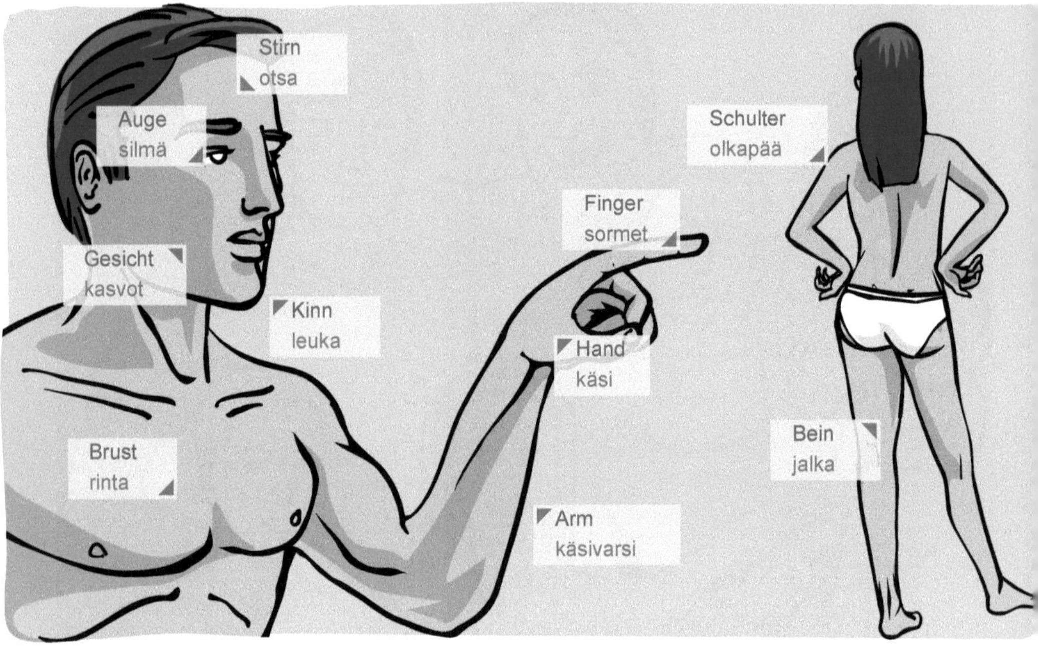

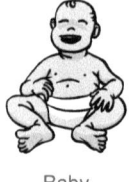

Baby
vauva

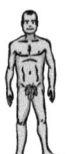

Mann
mies

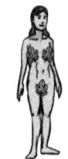

Frau
nainen

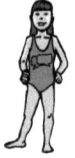

Mädchen
tyttö

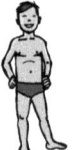

Junge
poika

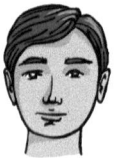

Kopf
pää

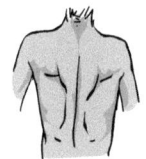

Rücken

selkä

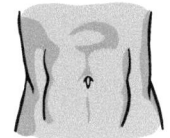

Bauch

maha

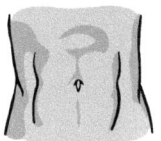

Nabel

napa

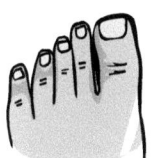

Zeh

varvas

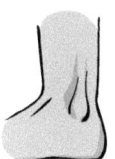

Ferse

kantapää

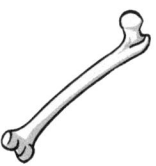

Knochen

luu

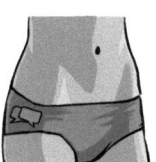

Hüfte

lantio

Knie

polvi

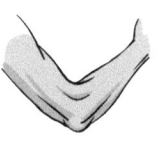

Ellenbogen

kyynärpää

Nase

nenä

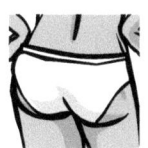

Gesäß

takapuoli

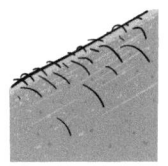

Haut

iho

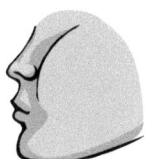

Wange

poski

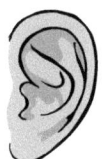

Ohr

korva

Lippe

huuli

Körper - vartalo

Mund

suu

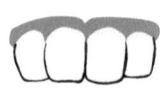

Zahn

hammas

Zunge

kieli

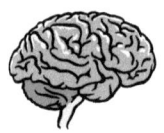

Gehirn

aivot

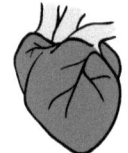

Herz

sydän

Muskel

lihas

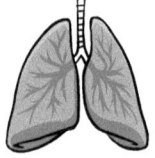

Lunge

keuhkot

Leber

maksa

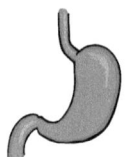

Magen

vatsa

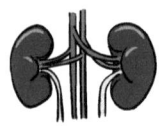

Nieren

munuaiset

Geschlechtsverkehr

seksi

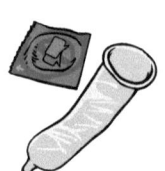

Kondom

kondomi

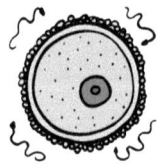

Eizelle

munasolu

Sperma

sperma

Schwangerschaft

raskaus

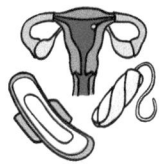

Menstruation

kuukautiset

Vagina

vagina

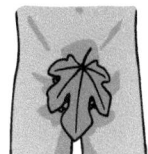

Penis

penis

Augenbraue

kulmakarvat

Haar

hiukset

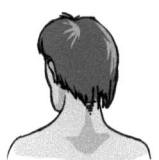

Hals

niska

Krankenhaus
sairaala

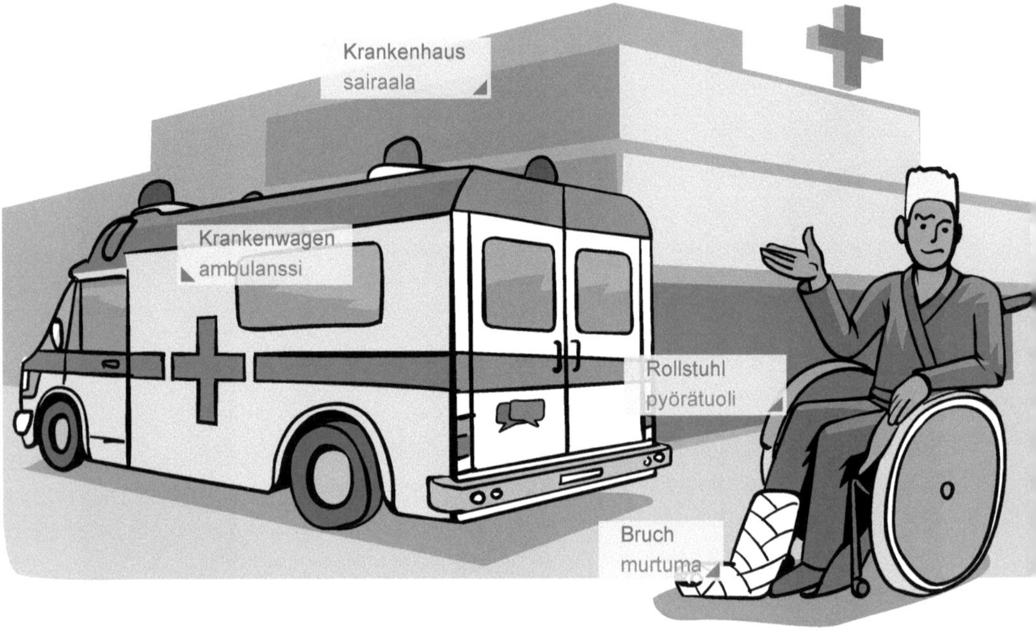

Krankenhaus
sairaala
Krankenwagen
ambulanssi
Rollstuhl
pyörätuoli
Bruch
murtuma

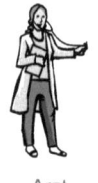

Arzt
lääkäri

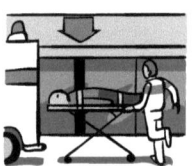

Notaufnahme
ensiapu

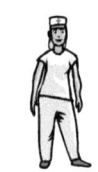

Krankenschwester
sairaanhoitaja

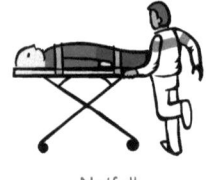

Notfall
hätätilanne

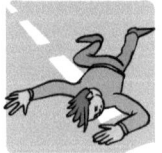

ohnmächtig
tajuton

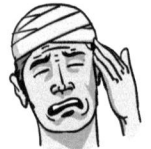

Schmerz
kipu

Verletzung

vamma

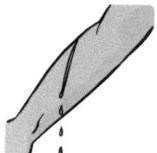

Blutung

verenvuoto

Herzinfarkt

sydänkohtaus

Schlaganfall

aivoinfarkti

Allergie

allergia

Husten

yskä

Fieber

kuume

Grippe

flunssa

Durchfall

ripuli

Kopfschmerzen

päänsärky

Krebs

syöpä

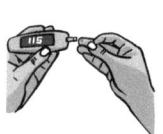

Diabetis

diabetes

Chirurg

kirurgi

Skalpell

veitsi

Operation

leikkaus

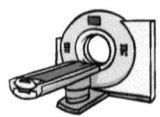

CT
ct

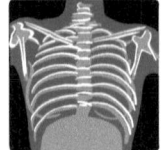

Röntgen
röntgen

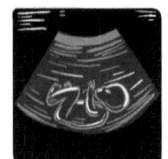

Ultraschall
ultraääni

Maske
maski

Krankheit
sairaus

Wartezimmer
odotushuone

Krücke
sauva

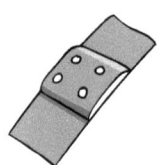

Pflaster
laastari

Verband
side

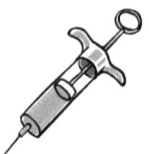

Injektion
pistos

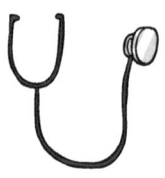

Stethoskop
stetoskooppi

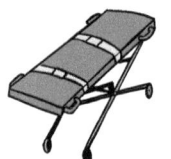

Trage
paarit

Thermometer
kuumemittari

Geburt
syntymä

Übergewicht
ylipaino

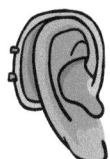

Hörgerät

kuulolaite

Desinfektionsmittel

desinfiointiaine

Infektion

infektio

Virus

virus

HIV / AIDS

HIV / AIDS

Medizin

lääke

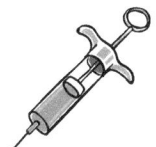

Impfung

rokotus

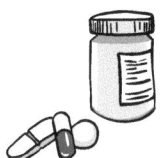

Tabletten

tabletit

Pille

pilleri

Notruf

hätäpuhelu

Blutdruck-Messgerät

verenpainemittari

krank / gesund

sairas / terve

Hilfe!

Apua!

Alarm

hälytys

Überfall

ryöstö

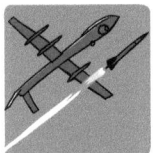

Angriff

hyökkäys

Gefahr

vaara

Notausgang

hätäuloskäynti

Feuer!

Tulipalo!

Feuerlöscher

palosammutin

Unfall

onnettomuus

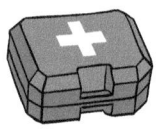

Erste-Hilfe-Koffer

ensiapulaukku

SOS

SOS

Polizei

poliisilaitos

Europa

Eurooppa

Nordamerika

Pohjois-Amerikka

Südamerika

Etelä-Amerikka

Afrika

Afrikka

Asien

Aasia

Australien

Australia

Atlantik

Atlantin valtameri

Pazifik

Tyynimeri

Indischer Ozean

Intian valtameri

Antarktischer Ozean

Eteläinen jäämeri

Arktischer Ozean

Pohjoinen jäämeri

Nordpol

pohjoisnapa

Südpol

etelänapa

Antarktis

Antarktis

Erde

maa

Land

maa

Meer

meri

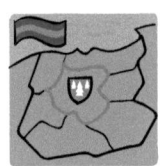

Insel

saari

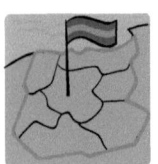

Nation

kansa

Staat

osavaltio

Zifferblatt

kellotaulu

Stundenzeiger

tuntiviisari

Minutenzeiger

minuuttiviisari

Sekundenzeiger

sekuntiviisari

Wie spät ist es?

Paljonko kello on?

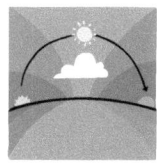

Tag

päivä

Zeit

aika

jetzt

nyt

Digitaluhr

digitaalikello

Minute

minuutti

Stunde

tunti

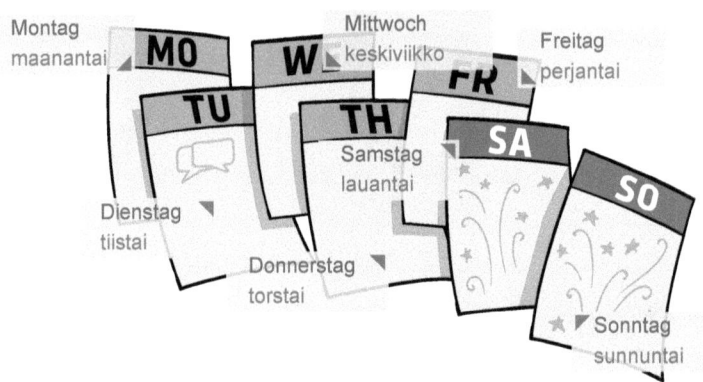

Montag
maanantai

Mittwoch
keskiviikko

Freitag
perjantai

Dienstag
tiistai

Samstag
lauantai

Donnerstag
torstai

Sonntag
sunnuntai

gestern

eilen

heute

tänään

morgen

huomenna

Morgen

aamu

Mittag

keskipäivä

Abend

ilta

Arbeitstage

työpäivät

Wochenende

viikonloppu

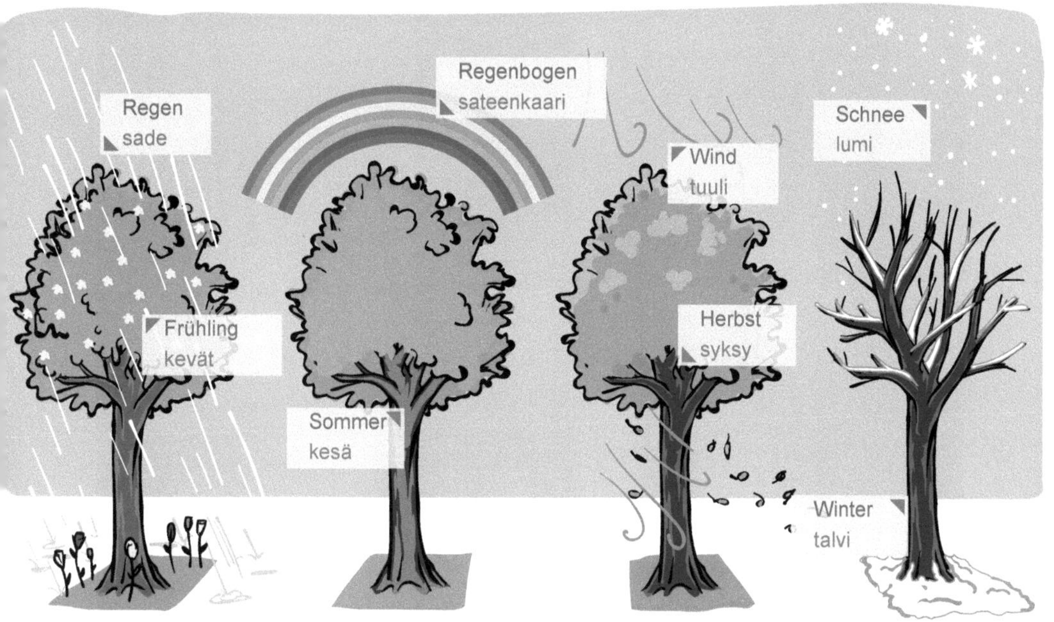

Regen
sade
Regenbogen
sateenkaari
Wind
tuuli
Schnee
lumi
Frühling
kevät
Herbst
syksy
Sommer
kesä
Winter
talvi

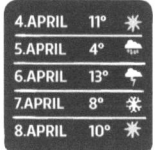

4.APRIL 11°
5.APRIL 4°
6.APRIL 13°
7.APRIL 8°
8.APRIL 10°

Wettervorhersage
sääennuste

F
C
120
90
60
30
0
-30
40
30
20
10
0
-10
-20

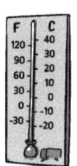

Thermometer
lämpömittari

Sonnenschein
auringonpaiste

Wolke
pilvi

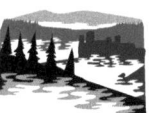

Nebel
sumu

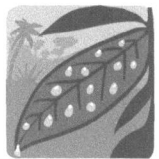

Luftfeuchtigkeit
ilmankosteus

Blitz

salama

Donner

ukkonen

Sturm

myrsky

Hagel

rae

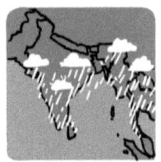

Monsun

monsuuni

Flut

tulva

Eis

jää

Januar

tammikuu

Februar

helmikuu

März

maaliskuu

April

huhtikuu

Mai

toukokuu

Juni

kesäkuu

Juli

heinäkuu

August

elokuu

September
....
syyskuu

Oktober
....
lokakuu

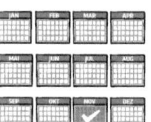

November
....
marraskuu

Dezember
....
joulukuu

Formen
muodot

Kreis
....
ympyrä

Quadrat
....
neliö

Rechteck
....
suorakulmio

Dreieck
....
kolmio

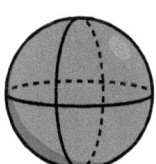

Kugel
....
pallo

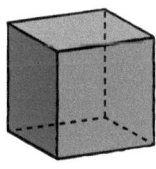

Würfel
....
kuutio

weiß

valkoinen

gelb

keltainen

orange

oranssi

pink

vaaleanpunainen

rot

punainen

lila

violetti

blau

sininen

grün

vihreä

braun

ruskea

grau

harmaa

schwarz

musta

viel / wenig

paljon / vähän

wütend / friedlich

vihainen / ystävällinen

hübsch / hässlich

kaunis / ruma

Anfang / Ende

alku / loppu

groß / klein

suuri / pieni

hell / dunkel

vaalea / tumma

Bruder / Schwester

veli / sisko

sauber / schmutzig

puhdas / likainen

vollständig / unvollständig

täydellinen / epätäydellinen

Tag / Nacht

päivä / yö

tot / lebendig

kuollut / elävä

breit / schmal

leveä / kapea

genießbar / ungenießbar

syötävä / syömäkelvoton

böse / freundlich

paha / kiltti

aufgeregt / gelangweilt

innostunut / tylsistynyt

dick / dünn

lihava / laiha

zuerst / zuletzt

ensimmäinen / viimeinen

Freund / Feind

ystävä / vihollinen

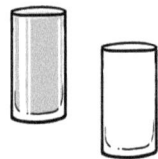

voll / leer

täysi / tyhjä

hart / weich

kova / pehmeä

schwer / leicht

painava / kevyt

Hunger / Durst

nälkä / jano

krank / gesund

sairas / terve

illegal / legal

laiton / laillinen

intelligent / dumm

älykäs / tyhmä

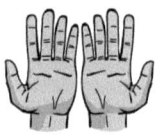

links / rechts

vasen / oikea

nah / fern

lähellä / kaukana

neu / gebraucht
uusi / käytetty

nichts / etwas
ei mitään / jotain

alt / jung
vanha / nuori

an / aus
päällä / pois päältä

offen / geschlossen
auki / kiinni

leise / laut
hiljainen / äänekäs

reich / arm
rikas / köyhä

richtig / falsch
oikein / väärin

rau / glatt
karhea / sileä

traurig / glücklich
surullinen / iloinen

kurz / lang
lyhyt / pitkä

langsam / schnell
hidas / nopea

nass / trocken
märkä / kuiva

warm / kühl
lämmin / viileä

Krieg / Frieden
sota / rauha

Gegenteile - vastakohdat

0	**1**	**2**
null	eins	zwei
nolla	yksi	kaksi
3	**4**	**5**
drei	vier	fünf
kolme	neljä	viisi
6	**7**	**8**
sechs	sieben	acht
kuusi	seitsemän	kahdeksan
9	**10**	**11**
neun	zehn	elf
yhdeksän	kymmenen	yksitoista

12

zwölf

kaksitoista

13

dreizehn

kolmetoista

14

vierzehn

neljätoista

15

fünfzehn

viisitoista

16

sechzehn

kuusitoista

17

siebzehn

seitsemäntoista

18

achtzehn

kahdeksantoista

19

neunzehn

yhdeksäntoista

20

zwanzig

kaksikymmentä

100

hundert

sata

1.000

tausend

tuhat

1.000.000

million

miljoona

Englisch

englanti

Amerikanisches Englisch

amerikanenglanti

Chinesisch Mandarin

mandariinikiina

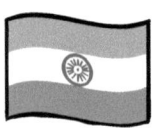

Hindi

hindi

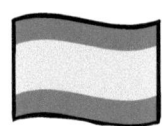

Spanisch

espanja

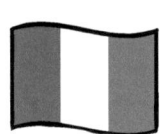

Französisch

ranska

Arabisch

arabia

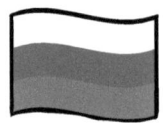

Russisch

venäjä

Portugiesisch

portugali

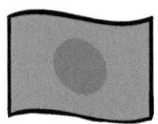

Bengalisch

bengali

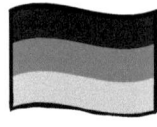

Deutsch

saksa

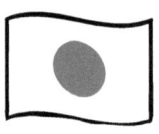

Japanisch

japani

ich
minä

du
sinä

er / sie / es
hän

wir
me

ihr
te

sie
he

wer?
kuka?

was?
mitä / mikä?

wie?
miten?

wo?
missä?

wann?
milloin?

Name
nimi

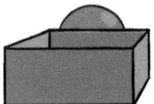

hinter

takana

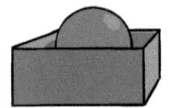

in

sisällä

vor

edessä

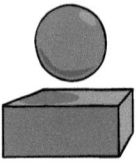

über

yläpuolella

auf

päällä

unter

alapuolella

neben

vieressä

zwischen

välissä

Ort

paikka